48
Lb 786.

DU CONSEIL D'ÉTAT

ET DE SA COMPÉTENCE

SUR LES DROITS POLITIQUES DES CITOYENS;

ou

EXAMEN

DE L'ARTICLE 6 DE LA LOI SUR LES ÉLECTIONS

DU 5 FÉVRIER 1817;

PAR M. LE COMTE LANJUINAIS,
PAIR DE FRANCE, etc.

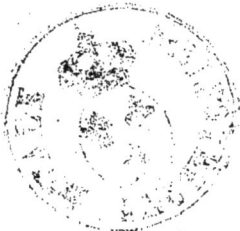

PARIS,

CHEZ DELAUNAY, LIBRAIRE, PALAIS-ROYAL.

1817.

Imprimerie de FAIN, rue de Racine, place de l'Odéon.

AVERTISSEMENT.

Aussitôt que le projet de la loi nouvelle sur les élections devint public, j'aperçus avec beaucoup de peine les vices de l'article 6, qui soumet nos droits politiques, c'est-à-dire la formation de la Chambre des Députés à l'arbitrage des ministres, sous le nom du conseil d'État. Je résolus d'abord de mettre en évidence l'inconstitutionnalité et les inconvéniens de cet article, et je préparai, pour la prononcer à la Chambre des Pairs, l'opinion que je publie aujourd'hui. J'en communiquai la substance à quelques amis dès le commencement de janvier dernier. J'étais affligé aussi de ce que le préfet SEUL dresse la liste des électeurs, et de ce qu'il doit statuer provisoirement avec les conseillers de préfecture, tous amovibles, sur les réclamations contre cette liste. Je craignais que cette double intervention des préfets et la nécessité de faire juger par eux, provisoirement, les plaintes contre leur propre ouvrage, n'amende chaque année une injuste formation définitive de la

Chambre des Députés. Je ne suis point rassuré contre cette crainte, qu'il suffit d'avoir énoncée.

Mais, convaincu de l'extrême urgence d'une loi sur les élections, et trouvant celle qu'on discutait relativement bonne *dans ses dispositions principales* (1), *et surtout dans leurs résultats probables ; voyant aussi qu'elle éprouvait l'opposition la plus vive, la mieux concertée, et néanmoins que cette loi était régardée généralement comme un bienfait du Monarque, j'évitai de fortifier par ma critique une opposition que je ne devais pas approuver. Ainsi, dans le cours de la discussion, je ne fis aucun usage de mes recherches sur le sujet de l'article 6.*

Il a passé, comme les autres, cet article défectueux, également réprouvé par la Charte et par la nature des choses ; et ce qu'il y a eu de remarquable, c'est que les opposans qui ont fait avec autant d'habileté que d'ardeur, la grande et la petite guerre contre tout le projet, n'ont trouvé rien à redire contre cet article. J'en ai conclu qu'ils ne se connaissent pas bien en Gouvernement représentatif, ou que leur

(1) Sur le reste, voyez *le Censeur Européen,* par MM. Comte et Dunoyer, tom. 1 p. 325-328.

zèle pour la réalité, la pureté de ce Gouvernement est trop aisé à satisfaire. J'ai été confirmé dans cette réflexion par le discours d'un des plus fameux opposans dans la Chambre des Pairs, tendant à faire choisir par le Roi une partie des Députés (1). Je l'ai été encore par le discours d'un autre Pair, qui fait consister l'excellence de l'esprit public dans l'adoption unanime, du moins presque unanime, des projets présentés par les Ministres.

Avec notre article 6 et un peu de faveur, un peu de pratique, donnée à la double doctrine de ces deux discours, le problème de transformer en un simulacre le plus vain la représentation nationale, eût été parfaitement résolu. Mais la sagesse du Gouvernement, celle des Chambres nous ont préservés et nous préserveront de ce malheur, le plus funeste qui puisse affliger un peuple quand il n'est point tourmenté par l'anarchie, ni par la tyrannie. Un faux Gouvernement représentatif est, en général,

_____

(1) La Chambre des Députés est déjà trop peu nombreuse, et relativement à la Chambre des Pairs, et relativement à la population de 28 ou 29 millions de Français.

pire qu'un Gouvernement absolu, parce que le premier est plus irrésistible et beaucoup plus coûteux que le second. Optimi corruptio pessima.

Quoi qu'il en soit, il est toujours temps, il est toujours permis de critiquer, avec les égards convenables, une loi que l'on juge mauvaise. Je destine cet écrit à prouver que la deuxième disposition de l'article 6 est vicieuse, et que le Gouvernement et les Chambres en doivent accélérer l'abrogation.

DU CONSEIL D'ÉTAT

ET DE SA COMPÉTENCE

SUR LES DROITS POLITIQUES DES CITOYENS,

ou

EXAMEN

DE L'ARTICLE 6 DE LA LOI SUR LES ÉLECTIONS

DU 5 FÉVRIER 1817.

Dans les monarchies, il n'y a point de corps dont les empiétemens d'autorité soient plus faciles, et plus communs, plus importans, et plus nécessaires à surveiller, que ceux des compagnies de conseillers du prince et de ses ministres.

Quelle que soit la dénomination de ces employés supérieurs, et soit qu'il fussent bornés dans l'origine à la consultation, ou qu'ils eussent reçu dès le commencement quelque faculté d'*ordonner* ou de *juger*, ils ont partout dépassé leurs premières limites, partout ils sont devenus les ordonnateurs suprêmes et les juges souverains dans les affaires publiques et privées de toute nature.

C'est la suite naturelle de ce qu'ils sont placés près du trône ; de ce qu'ils sont nombreux et

toujours en permanence; de ce que, préparant les lois et les règlemens royaux, ils ne s'y oublient pas eux-mêmes; de ce que long-temps amovibles, et sans autre intérêt prochain et personnel que de plaire au monarque, et d'accroître sa puissance pour augmenter la leur; ils ne peuvent pas dans ce premier état, lui donner de l'ombrage. Les exemples fourmillent en tout pays; ne parlons que du nôtre.

C'est de l'ancien conseil des Rois de France qu'étaient en partie les anciens parlemens et les autres cours souveraines qu'on a vu jouer de si hauts rôles.

C'est le conseil même du Roi qui fut jadis transformé en cour suprême, non pour une région, mais pour tout le royaume, sous le titre de *grand conseil*. C'est à lui que nous devons un ancienne dégradation de la cour des Pairs, et par le renversement des libertés de l'église gallicane, l'affaiblissement de la religion. Ce fut lui qui, après avoir remplacé le parlement de Paris, en 1771, fut rétabli, en 1774, avec ses anciennes attributions, et l'attribution désormais habituelle de remplacer au besoin ce même parlement, devenu *les états généraux au petit pied.*

C'était une section de conseillers d'état qui

fut érigée en tribunal universel, pour juger les prises maritimes.

C'est le conseil d'état qui se chargeait de l'odieux des *commissions extraordinaires*, civiles et criminelles qui faisoient tout trembler.

C'est lui qui, sous couleur d'administration, de *contentieux administratif*, d'évocations arbitraires ou autres, de cassation, de conflit entre les cours et de réglement de juges, était devenu avec les ministres, et chaque ministre, sous le nom de ce conseil, le supérieur des états provinciaux, des parlemens, et de toutes les autres cours souveraines, enfin juge suprême des plus célèbres procès du royaume continental et des colonies, tant en matière civile que criminelle ou ecclésiastique.

Le conseil d'État du Gouvernement, qui a précédé immédiatement la restauration, avait été créé pour *résoudre les difficultés en matière administrative*.

Bientôt il *jugea* le contentieux, dit d'administration.

Bientôt, il acquit par des lois ou par des règlemens qu'il *rédigeait*, une multitude d'attributions les plus importantes; par exemple, il se fit constituer dans la loi de création de la cour des comptes, comme juge d'appel de ce tribunal souverain ; il devint l'interprète *offi-ciel* et *général* de la constitution et des lois ; il fut aussi le régent des ministres, et il était devenu le *juge des droits politiques des citoyens* ; il publia, en 1815, sa déclaration deprincipes constitutionnels.

Les conseillers d'État, fixés au nombre de vingt-un, sous Louis XIV, multipliés sous Louis XVIII, sont déjà, en comptant les vingt-neuf ministres d'État et les maîtres des requêtes, aussi nombreux que la Chambre même des représentans.

Ceux qui, simultanément, sont conseillers d'État et députés ; après avoir préparé les projets de loi dans le conseil, entrent dans les commissions de la Chambre, pour soutenir ces mêmes projets, et les défendent encore au banc des ministres, à la tribune, et les votent au scrutin en définitif (1).

Déjà, le conseil d'État est redevenu, par le fait, tribunal des prises.

Déjà, dans le projet rejeté sur la Chambre des comptes, on avait glissé et étendu la juri-

_____

(1) En 1817, cinq ministres d'état sont de la Commission du budget dans la Chambre des Pairs.

diction ; très irrégulière, du conseil d'État sur cette cour.

Déjà, on a mis en avant le projet de substituer le Conseil d'État à la cour de cassation, l'une des meilleures institutions de 1791 ; déjà, les soixante avocats en cassation sont tous les avocats du conseil d'État, et le ministre *amovible*, président de ce conseil d'État, va présider la cour de cassation.

Et les deux Chambres ayant, en 1814, approuvé un projet de loi, qui confirmait cette Cour, et qui réservait au pouvoir législatif l'interprétation officielle et générale des lois, ce projet n'a pas eu la sanction.

Enfin, dans la loi nouvelle sur les élections, art. 6, dans le projet comme dans la loi, se trouve insérée la compétence du conseil d'État sur les *droits politiques* des citoyens.

Voici le texte de cet article :

» *Les difficultés relatives à la jouissance des* « *droits civils ou politiques du réclamant seront* « *définitivement jugées par les cours royales.* « *Celles qui concerneraient ses contributions ou* « *son domicile politique, le seront par le con-* « *seil d'État.* »

Il nous faut d'abord expliquer ce texte, en lui-même équivoque ou contradictoire, et dans son véritable sens très-inconstitutionnel, pouvant devenir destructif de la représentation nationale.

Si les cours royales jugent des *droits civils* et des *droits politiques*, elles jugent donc aussi du fait de savoir si l'on paye les 300 francs ou les 1000 francs, et si l'on a le domicile politique; car, de ces deux ou trois faits, dépendent, suivant la Charte, nos droits politiques, du moins les plus précieux et les plus éminens, ceux d'électeur et ceux d'éligible pour la Chambre des Députés.

Et si elles ne jugent pas de ces deux ou trois faits, elles ne jugent donc pas généralement de nos droits politiques.

Il y a donc équivoque et même contradiction dans les termes de la première disposition de l'art. 6.

Si l'on me répondait par l'art. 1er., où je trouve la même équivoque, la même contradiction (1), je répliquerais qu'il s'ensuit seulement que l'ar-

(1) Texte de l'art. 1 de la loi nouvelle sur les élections : « Tout français *jouissant des droits civils et po-* » *litiques*, âgé de 30 ans accomplis, et payant trois cents » francs de contributions directes, est appelé à con- » courir à l'élection des Députés du département où il » a son domicile politique. »

ticle 1ᵉʳ est aussi négligemment rédigé que l'article 6.

Lorsque l'on n'accorde les droits d'électeur qu'à l'état collectif d'être actuellement jouissant des *droits civils* et *politiques*, et agé de trente ans, et de plus, ayant un certain domicile politique, il est trop manifeste que cet âge, cette contribution et ce domicile sont précisément ce qui, avec les droits *civils*, constitue les droits *politiques*; ainsi, endernière analyse, l'art. 1 CONSTITUE les droits politiques de ceux auxquels d'avance, et par vice de rédaction, il les SUPPOSE ACQUIS.

C'est peu de chose qu'un tel vice en deux artcles de la loi, pourvu qu'à la fin l'on s'entende.

Ce qu'il y a d'important, c'est que le conseil d'État d'aujourd'hui, qui n'est ni *constitutionel*, ni *légal*, ni *responsable*, ni *inamovible*, ni soumis, par son serment, à la Charte et aux lois; qui n'a même ni volonté propre, ni action extérieure en son nom, enfin qui réside à cinquante, cent, à deux cents lieues du plus grand nombre des intéressés, soit seul compétent pour régler nos droits politiques, lorsqu'il s'agit des contributions ou du domicile, et qu'il nous faille, en même temps, plaider devant les juges ordinaires, pour faire constater les autres élémens dont se composent la qualité d'électeur et celle d'éligible.

Tout cela est si inconvenant, si incohérent, si contraire à la Charte, si onéreux pour les particuliers, si dangereux pour la liberté publique, si propre à déconsidérer le Gouvernement que nous devons tous honorer, qu'on ne saurait trop promptement abroger la seconde disposition de cet article 6.

J'ai dit que le con-seil d'état n'a point d'existence ni constitutionnelle, ni légale.

Sous le gouvrnement impérial, si l'on nous eût demandé ce que c'était que le conseil d'état, surtout en le considérant comme autorité judiciare, nous eussions trouvé la réponse à cette question, dans la constitution de l'an 8, art. 52, dans les sénatus-consultes qui la développèrent, formant, avec le peu qui resta de cette même constitution, ce qu'on appelait *les constitutions de l'empire.*

Mais si la question s'élève aujourd'hui, où irons-nous en chercher la solution? Ce ne sera pas dans cet art. 6, qu'il s'agit d'apprécier.

Sera-ce dans la Charte? Elle est muette à cet égard, et conséquemment exclusive du conseil d'État comme tribunal.

Sera-ce dans les lois antérieures à la révolution ? Non, puisque le conseil d'état, comme compétent pour juger un contentieux quelconque, fut supprimé, à la grande satisfaction publique, par les lois du 1er décembre 1790, et du 6 juillet 1791.

Sera-ce dans *les constitutions de l'empire* ? Non, car elles sont nécessairement abrogées par la Charte, qui est présentement notre seule constitution.

Sera-ce dans un ou deux, ou trois articles, très-particuliers de loi impériale, sur certaine compétence du conseil d'état impérial? Non; car ces articles ne sont que des développemens, de purs accessoires des *constitutions de l'empire* abrogées en entier. L'accessoire suit le principal. C'est une règle de droit, et même de logique?

Sera-ce dans les décrets impériaux? Ces actes n'étaient pas, ne sont pas des lois; et il sera expliqué, dans la suite, combien était abusif et usurpateur le texte prototype de la deuxième disposition de notre art. 6.

Sera-ce, enfin, dans les *lois maintenues*, véritablement comme *non abrogées par la Charte* ? Ces lois gardent sur le conseil d'état un profond silence.

Pour reconnaître le conseil d'état, comme

autorité, et surtout comme une autorité judiciaire, il faudrait établir, ou que les dispositions des constitutions de l'empire sont encore
en vigueur, ou qu'on peut créer une autorité
légale, sans le secours d'aucune loi, ou que la
Charte admet des juges *amovibles*, ou qu'elle
admet *des commissions et tribunaux extraor-*
dinaires, autres que *les prévôtés*.

La première hypothèse est inadmissible; la seconde implique contradiction dans les termes; la
troisième est en opposition directe avec l'art. 58
de la Charte; la quatrième est condamnée par
les art. 62 et 63 de cette même Charte.

Revenant à la première de ces hypothèses,
j'ajoute qu'il est impossible d'admettre que les
constitutions de l'empire puissent servir de
base à l'établissement du conseil d'état de
Louis XVIII.

Autrement, il faudrait admettre qu'elles ont
encore force de loi, dans tous les cas où la loi
n'a point de texte contraire; il faudrait dire que
nous sommes enlacés de nouveau dans cette
foule de sénatus-consultes dont l'exhumation,
naguères, a tant épouvanté la France; et
que, notre Charte ne serait plus qu'une loi
secondaire ou parallèle à d'autres lois fonda-

mentales, un nouvel *acte additionnel aux constitutions de l'empire.*

L'art. 68 de la Charte a maintenu le code
civil et les autres lois non contraires à la
Charte ; mais cette Charte n'a conservé ni les
constitutions antérieures, ni les sénastus-con-
sultes, ni les lois, ni les décrets, ni les réglemens
qui développaient ce qu'on appellait *constitutions de l'empire.*

La différence entre ces deux espèces d'autorités, est sensible. Les lois qui déterminent les
droits et les devoirs des citoyens entre eux,
sont généralement indépendants de toute forme
de gouvernement, et résistent par cela même
aux révolutions. Il n'en est pas ainsi de toutes
les lois qui regardent la distribution des pouvoirs publics ; il suffit de détruire la forme du
gouvernement, principe de ces lois, pour qu'elles disparaissent dans leur intégrité : sans quoi,
l'on formerait de plusieurs constitutions diverses,
un gouvernement le plus monstrueux, qui n'aurait aucune règle fixe, et qui se compliquerait,
se contrarierait tellement, qu'il serait impossible
d'en démêler les parties opposées, et d'en con-
cevoir l'ensemble.

On sentira mieux combien il serait absurde de
faire revivre les anciennes constitutions et les

dispositions accessoires dans ce qui n'est pas évidemment contraire à la Charte, en examinant quelles seraient les premières conséquences d'un tel système.

D'abord, les départemens pourraient être mis hors la loi, et le pillage, le meurtre et l'incendie, toutes les violences pourraient y être organisées; l'institution du jury pourrait y être suspendue pendant un temps indéterminé; les gardes nationales pourraient être arbitrairement mobilisées, envoyées aux frontières ou dans des places fortes; la population serait divisée en bans et en arrière-ban; en un mot, il ne nous resterait aucune garantie, et les dispositions de la Charte disparaîtraient devant les exceptions établies par les constitutions dites impériales, et par les textes accessoires. Le conseil d'état, institué, réglé par ces prétendues constitutions et par ces textes, suffirait à lui seul pour rendre illusoires toutes les formes salutaires d'un gouvernement constitutionnel.

La Charte, en établissant deux chambres législatives, et en assurant l'indépendance des tribunaux, a eu deux objets : d'abord, de protéger le peuple entier contre l'oppression, et puis de faire rendre à chaque individu la justice particulière qui lui est due. Le premier de ces objets rentre dans les attributions du Roi et des *chambres*, du *parlement national* ; le second, ou dans les attributions des *tribunaux*.

Si, à côté de ces deux autorités, l'une pour faire des lois, l'autre, pour rendre la justice distributive à tous, on invente une troisième autorité appelée *conseil d'état*, quelles seront les attributions qu'on pourra lui donner comme corps de *magistrats*, comme exerçant des pouvoirs publics sans porter, atteinte ni à la puissance législative des trois branches du parlement, ni à l'indépendance des tribunaux?

On ne lui attribuera pas la rédaction ou l'initiative des lois, puisque toute l'initiative, comme *directe*, appartient au Roi même, s'expliquant par ses ministres ; et, comme *indirecte*, à chaque chambre : on ne lui attribuera pas, *selon la Charte*, la défense des projets de loi dans les chambres, puisque, selon l'article 55 de cette Charte, il n'y a que les ministres (1) qui *aient entrée dans les chambres*, et qui doivent être entendus lorsqu'ils le demandent. On ne lui attribuera pas le droit de faire des ordonnances ou réglemens d'*exécution*,

---

(1) *Inclusio unius exclusio ulterius.*

aes lois, ni des ordonnances *nécessaires à la sûreté de l'état* ; c'est la prérogative inaliénable ou du parlement, ou de la majesté royale; et la prérogative particulière du Roi ne doit être exercée que sous la signature des ministres, seuls responsables.

On ne chargera pas ce conseil de juger les procès des citoyens, ni entre eux, ni contre l'état : car ce conseil n'est ni constitutionnel, ni légal ; et, d'après la Charte, les tribunaux doivent être constitués par la loi, et les juges sont essentiellement *inamovibles,* à l'exception des juges de paix. Enfin, selon les lois, tous les juges sont *responsables*, comme *sujets à la prise à partie;* or, en droit comme en fait, les conseilliers d'état sont *amovibles*, et ils sont également affranchis de *responsabilité* envers les citoyens.

On peut d'autant moins les ériger en juges des droits politiques reconnus par la Charte, que, par le serment relatif à leurs fonctions, ils ne promettent pas d'obéir à la *Charte*, ni même aux *lois* proprement dites; ils ne jurent de garder que *les édits et ordonnances du Roi,* et les réglemens de son conseil : voyez le *Procès-verbal d'installation du conseil d'état,* dans le *Moniteur* du 3 août 1814 : aucun acte public n'apprend que cette formule trop abusive soit réformée.

Enfin ; le conseil d'état n'a ni volonté propre, ni action extérieure en son nom. Je le prouve, et par ce même procès-verbal d'installation , et par l'ordonnance du Roi du 23 août 1815.

On lit, dans ce procès-verbal : *Le but de votre institution n'est pas de former un conseil qui prononce, mais un conseil qui dirige. Vous n'êtes pas appelés à administrer, mais à éclairer l'administration.* Et les articles 14 et 16 de cette ordonnance veulent que les avis du conseil d'état soient en forme d'ordonnance du Roi, et présentés à la signature de Sa Majesté par un ministre, conséquemment, signés d'un ministre, lequel en est responsable, et qui a de nécessité le droit de refuser d'y concourir, s'il ne les approuve pas.

Il est évident que, si le conseil d'état jugeait en vertu d'une loi, il ne serait plus un *conseil qui dirige*, mais un *conseil qui prononce* ; il ne serait plus appelé seulement *à éclairer* par ses avis, mais positivement à décider ; et le Roi, en signant l'ordonnance, le Roi, ou son ministre, serait le véritable juge. Or, il n'y a rien de plus contraire au texte, à l'esprit de la Charte, au principe de l'indépendance des tribunaux, à la garantie de tous nos droits.

Un ministre pourrait définitivement priver des électeurs du droit de concourir à la nomination des députés. Ainsi, les assemblées électorales pourraient être *épurées* ministériellement, comme les employés d'une régie ; et tous les hommes qui auraient une opinion indépendante pourraient être exclus arbitrairement et souverainement, et sans recours en cassation par un ministre, juge et partie. Enfin, il serait trop contraire à la Charte, il serait trop onéreux aux citoyens, d'être *distraits de leurs juges naturels* d'être forcés de venir, jusque dans la capitale, plaider à grands frais, au conseil d'état, devant une véritable *commission extraordinaire*, à cent, à deux cents lieues de leur domicile, pour deux quarts ou pour moitié, si l'on veut, d'une qualité ou d'un droit que déjà nul ne peut exercer qu'en faisant dépense de temps et d'argent ; de plaider à Paris pour cette moitié, et, encore, de plaider devant les tribunaux ordinaires pour les autres fractions de cette même qualité, indivisible selon la raison, quant à la procédure et au jugement, quoiqu'elle soit divisible quant aux moyens. Où en serions-nous dans l'ordre privé, s'il nous fallait faire juger collatéralement et simultanément en deux classes de tribunaux, nos différens intérêts soit pécuniaires soit honorifiques?

J'ai entendu parler d'un prétexte pour excuser tant d'inconvéniens. On dit que, lorsqu'il s'agit de prouver la contribution ou le domicile politique de celui qui prétend les droits d'électeur ou d'éligible, alors il y a *contentieux d'administration*; mais que s'il s'agit d'autres conditions, comme de la qualité de Français, ou de l'âge, etc., alors il y a *contentieux judiciaire*. Raisonnant ainsi, on ne fait que supposer ce qui est en question. Le contentieux d'aministration est l'assemblage des contestations qui, selon les lois, se décident par des administrateurs, et en dernier ressort, par l'administrateur suprême, qui est le Roi, signant les décisions, et les faisant contresigner par un ministre responsable: or le conseil d'état n'est pas administrateur; *il n'est pas un pouvoir*; *c'est un conseil dans le sens propre du mot*; *son avis n'est rien sans la décision du Roi* (1), contresignée d'un ministre. Le conseil d'état

---

(1) Discours de M. Becquey, député et conseiller d'état, dans le Moniteur du 11 février 1817.

ne peut donc être juge d'aucun contentieux d'administration, ni d'aucun autre ; il y a donc erreur évidente dans la seconde disposition de l'art. 6 de la loi du 5 févrler dernier, qui a passé dans les deux chambres sans aucune discussion. Les adversaires de la loi n'en ont pas aperçu le vice ; et les partisans de la loi qui l'ont remarqué, trouvant trop dangereux de le faire connaître, l'ont dissimulé pour le dénoncer au gouvernement et aux chambres aussitôt qu'ils le pourraient sans compromettre la chose publique.

Dans le contentieux d'administration, il n'y a point de formes tutélaires ; l'administration est juge et partie, et les juges sont amovibles et non-responsables ; c'est donc une institution si exorbitante, qu'elle ne peut se soutenir que par la toute puissance de la loi la mieux réfléchie et la plus nécessaire. Heureuse la nation assez civilisée, assez habile, assez forte, assez sagement gouvernée, pour n'avoir que du contentieux judiciaire ! Cela n'est pas si difficile qu'on pourrait se l'imaginer. Si l'on n'obtient pas de suite ce degré de perfectionnement, il faut au moins que le contentieux d'administration soit déterminé avec scrupule, par des lois de détail profondément méditées, et restrictives autant qu'il sera possible.

Dans ce contentieux si redoutable, N**** avait rangé les droits politiques ; mais il est un genre de questions qui ne doivent jamais appartenir au *contentieux d'administration* ; ce sont celles qui regardent *les droits politiques des citoyens.* Les députés sont les contrôleurs et les juges d'accusation des ministres ; il serait absurde que les ministres, en écartant les électeurs qui leur déplairaient, et admettant ceux qui leur conviendraient, pussent choisir leurs contrôleurs et leurs juges, en un mot se rendre maîtres de la représentation nationale.

L'assemblée constituante avait senti cette vérité, et l'avait exprimée fortement dans la constitution de 1791, chap. 1, sect. 8, art. 4 : « Dans aucun cas et sous aucun prétexte, le » Roi ni aucun de ses agens ne pourront con- » naître des questions relatives aux droits po- » litiques des citoyens, sans préjudice des » fonctions des Commissaires du Roi, dans les » cas où ces questions doivent être portées » dans les tribunaux. »

Cet article de droit naturel passa en substance dans la constitution de l'an 3, art. 22.

Il fut omis dans la constitution de l'an 8, dont on disait que le premier consul n'aurait voulu y laisser que lui-même. Cependant, ni cette constitution, ni aucun sénatus-consulte dit *organique*, ni aucune loi, sous l'empire, n'ont admis une disposition contraire. Mais le chef osa la glisser avec assez d'adresse en un long décret réglémentaire, du 19 fructidor an 10, art. 76, où il est dit que les réclamations contre la liste des 600 plus imposés *seront portées au Gouvernement qui décidera en conseil d'état.* Un commandement usurpateur et despotique est donc la véritable source de la seconde disposition de notre art. 6, admis par mégarde sous une Charte qui ne reconnaît point de conseil d'état, et qui ne peut en souffrir comme autorité judiciaire.

Ce n'est pas tout; il s'agit ici d'un contentieux d'un ordre très-supérieur à ce qu'on appelle *contentieux administratif*; il s'agit, en un mot, d'un *contentieux potitique*, puisqu'il concerne l'état politique des Français, et la formation d'une des chambres qui, de concert avec le Roi, exercent le pouvoir législatif. Or le *contentieux potitique* n'appartient, de sa nature, ni aux tribunaux eux-mêmes, ni aux ministres éclairés ou non éclairés par des conseillers d'état. Il appartient naturellement aux colléges électoraux ou à la Chambre des Députés. C'est parce que cette forme entraînerait des inconvéniens, et qu'on n'a pas trouvé encore une meilleure solution ; c'est pour accélérer et diminuer la dépense de temps et d'argent ; c'est pour donner une forte garantie aux droits politiques ; c'est parce que les tribunaux sont composés de membres inamovibles et sujets à la prise à partie, qu'ils sont appelés par la loi nouvelle à connaître des droits politiques des citoyens : or tous ces motifs excluent, dans cette matière, l'intervention des ministres et celle des conseillers du Roi.

Les juges peuvent, sans nul inconvénient, connaître de la quittance de contribution et de la déclaration à la préfecture, pour transférer le domicile politique, comme ils peuvent décider sur les autres élémens dont l'ensemble constitue un électeur ou un éligible, et qui dépendent aussi d'actes faits devant des administrateurs. Tous les jours, en matière d'état civil, ou d'absence, ou d'aliénation ou de rescision, etc., les juges décident, sur des quittances de contributions, des actes de maires, de sous-préfets, de préfets, et même de ministres. Il n'y a donc aucun prétexte raisonnable pour scinder leur compétence en droits politiques ; et toutes les motifs légitimes de convenance, d'utilité, de constitutionnalité se réunissent pour la leur réserver la plus entière.

www.ingramcontent.com/pod-product-compliance
Lightning Source LLC
Chambersburg PA
CBHW060526200326
41520CB00017B/5137